AMBULANCE INTERNATIONALE
GIRONDINE

Directeur : **M. Francis de LUZE,**
Directeur-Adjoint : **M. Adolphe LABADIE.**

RAPPORT
AU COMITÉ DÉPARTEMENTAL POUR LA GIRONDE

DE

LA SOCIÉTÉ DE SECOURS

AUX BLESSÉS MILITAIRES DES ARMÉES DE TERRE ET DE MER

et aux Bienfaiteurs de l'Œuvre

BORDEAUX
IMPRIMERIE DE LA GUIENNE, RUE GOUVION, 20
1871

AMBULANCE INTERNATIONALE GIRONDINE

RAPPORT

AU COMITÉ DÉPARTEMENTAL

ET

AUX BIENFAITEURS DE L'ŒUVRE.

Le cinq avril mil huit cent soixante-et-onze, M. Adolphe Labadie, directeur-adjoint de l'*Ambulance internationale Girondine,* faisant fonction de directeur par suite du décès du regretté M. Francis de Luze, fondateur-directeur de l'Œuvre, a réuni à Bordeaux, au siége social, 30, rue Vital-Carles, les principaux représentants du Comité départemental pour la Gironde de la Société de secours aux blessés des armées de terre et de mer et des bienfaiteurs de l'Association à l'effet de leur rendre compte des opérations de la Direction pendant la campagne de 1870-1871.

Étaient présents :

MM. Emile Fourcand, maire de Bordeaux, *Président ;* — Paul Mestrezat, *Vice-Président ;* — Vicomte de Pelleport, *Secrétaire-Général ;* — Er. de Boissac, *Trésorier ;* — Jules Motelay, *Trésorier - Adjoint ;* — Maurice de Luze, *Secrétaire ;* — P.-E. Alauze, William Johnston, Cte du Vivier, H^{te} Vitrac, *Membres et Délégué du Comité départemental pour la Gironde de la Société de secours aux blessés.*

MM. Lodoïs Gay, *Secrétaire* de la délégation du Sud-Ouest du Conseil central de la Société aux blessés ; Jules John Durand, Alfred de Luze, Damase Roujol, et le Fils de J.-J. Piganeau, *Bienfaiteurs de l'Ambulance.*

MM. l'abbé Desplat, et le pasteur Delmas, aumôniers
les docteurs Lande et Demons, chirurgiens-major
Henry Lacoste, représentant à Bordeaux
} de L'AMBULANCE

Sont excusés :

MM. Le comte Anatole Lemercier, délégué pour le Sud-Ouest du Comité central de la Société de secours aux blessés; Charles Baour, Secrétaire du Comité départemental pour la Gironde de la Société de secours aux blessés et bienfaiteur de l'Ambulance, le comte de Kercado, bienfaiteur de l'Ambulance, Dan Lawton, délégué du Comité départemental près l'Ouvroir des Dames, le baron Gaston de Montesquieu, bienfaiteur de l'Ambulance, Ed. de Bethmann, Secrétaire de la Délégation du Sud-Ouest.

La séance ayant été ouverte à huit heures et demie, sous la présidence de M. Emile Fourcand, maire de Bordeaux, assisté de MM. P. Mestrezat et Maurice de Luze, comme assesseurs et du Vicomte de Pelleport, comme secrétaire; M. le Maire, après avoir payé un juste tribut de regrets à la mémoire de M. Francis de Luze, directeur-fondateur de l'Œuvre, décédé pendant la campagne, à La Flèche, le 15 février 1871 et s'être félicité de nouveau devant l'Assemblée d'avoir été comme président du Comité départemental de la Société de secours aux blessés, l'un des plus chauds patrons de l'Ambulance Girondine, donne la parole à M. Adolphe Labadie, qui s'exprime ainsi :

MESSIEURS,

L'Ambulance internationale Girondine, de retour à Bordeaux, n'a eu que deux pensées :

La première, de se rendre sur la tombe de son regretté fondateur et directeur, M. Francis de Luze, décédé le 15 février 1871, dans l'exercice de sa mission de charité et de patriotisme, pour payer à la mémoire de cet homme de bien un juste et légitime tribut d'hommage et de reconnaissance.

La seconde, de vous réunir à l'effet de rendre des comptes, à vous, Messieurs du Comité départemental pour la Gironde de la Société de secours aux blessés, qui avez bien voulu lui accorder votre haut patronage, vos conseils, et une grosse subvention; à vous, Messieurs les Bienfaiteurs de l'Œuvre, dont les abondantes souscriptions ont permis d'associer une fois de plus le drapeau de la Gironde à celui de la charité.

Le seul regret que nous éprouvions en ce moment, est de n'avoir pas l'honneur de voir présent à cette réunion M. le comte Anatole Lemercier, délégué du Conseil central de la Société de secours aux blessés pour le sud-ouest de la France.

Que M. le comte Lemercier, qui a tant fait pour l'œuvre des secours aux blessés dans notre région, reçoive ici l'expression de notre vive et sincère gratitude.

Messieurs,

Aller sur les champs de bataille porter des secours aux gardes mobiles et mobilisés de la Gironde, sous la réserve toutefois de pouvoir utiliser les ressources de l'Œuvre en faveur de tous les autres blessés et malades, lorsque la fortune de la guerre l'éloignerait de son but primitif, tel a été, dès le début, l'objectif de l'Ambulance Girondine, fondée par M. Francis de Luze, avec le concours du Comité départemental pour la Gironde de la Société de secours aux blessés militaires des armées de terre et de mer.

Au moment de son départ, l'Ambulance Girondine se compose comme suit :

PERSONNEL.

MM. Francis de Luze, *directeur*.
Adolphe Labadie, *directeur adjoint*.
L'abbé Desplat, *aumônier catholique*.
Le pasteur Delmas, *aumônier protestant*.
Le docteur Albert Demons, } *Chirurgiens-major*.
Le docteur Louis Lande, }
1 Pharmacien major.
6 Aides-major.
6 Sous-aides.

SERVICE.

5 cochers.
2 domestiques.
Ensemble 28 personnes *volontaires*

MATÉRIEL.

7 voitures.
15 chevaux.

Grâce au concours généreux et bienveillant des habitants de la Gironde, l'Ambulance Girondine peut se mettre en campagne avec une somme de 46,599 fr. et des dons en nature produits par de nombreux et bienveillants souscripteurs (1) .

Le 17 décembre 1870, l'Ambulance Girondine part de Bordeaux en destination de Bourges, où suivant les renseignements qu'elle a recueillis, elle doit être suivie peu de jours après par une légion de mobilisés Girondins.

Arrivée à Bourges le 19 décembre, elle est immédiatement attachée à la 3e division du 15e corps, sur la recommandation de M. Santini, intendant général de ce corps. (2)

Tenant à utiliser immédiatement son personnel, en attendant l'arrivée des Girondins, l'Ambulance Girondine offre ses services pour soigner les militaires malades qui sont en grand nombre dans la

---

(1) Voir page 51 la liste générale de Messieurs les Souscripteurs

(2) « Je recommande d'une manière toute particulière à M. l'In-
» tendant de la 3e division, l'Ambulance Girondine qui, dans toutes
» les positions, en marche comme au bivouac ou en cantonnement,
» sera considérée à l'égal des ambulances militaires, en fera le ser-
» vice et aura droit aux mêmes égards et avantages.

» M. l'Intendant de la 3e division voudra bien porter la présente
» à la connaissance de M. le Général commandant la division, afin
» qu'il soit informé de la destination donnée par M. le Ministre et par
» moi à l'Ambulance Girondine et pour qu'il lui accorde aide et pro-
» tection.

» Cette Ambulance est parfaitement organisée comme personnel
» et matériel, et je ne doute pas qu'elle ne nous rende les meilleurs
» services en remplacement de l'ambulance disparue.

» *L'Intendant en chef du 15e corps,*

» Signé : SANTINI. »

ville de Bourges et ses services sont acceptés. (3)

Par ordre supérieur, le 24 décembre, l'Ambulance Girondine est envoyée à Mehun-sur-Yèvre, afin de soigner les nombreux malades arrivant dans ces parages après la malheureuse affaire d'Orléans. Elle donne ses soins à plus de 500 malades dans l'espace de sept jours. Si le registre de l'Ambulance n'en porte que 384, c'est dû à ce que les soldats n'avaient pas de livrets, et à ce que, vu leur état de maladie, ils étaient momentanément dans l'impossibilité de fournir les renseignements nécessaires à l'inscription de leur nom ; l'Ambulance Girondine n'a pu les recueillir ultérieurement ayant cessé ses fonctions par suite de l'arrivée de l'Ambulance militaire disparue. (4)

---

(3) « L'Ambulance Girondine attachée à la 3ᵉ division du 15ᵉ corps » et provisoirement attachée au manége et à la gare, ayant momentanément peu à faire pour ce dernier service, je ne vois aucun inconvénient à ce qu'elle prête son concours, selon ce qu'elle jugera opportun, aux établissements hospitaliers de la ville.

» Bourges, 22 décembre 1870.

» *L'Intendant militaire chargé des évacuations,*
» Signé : DE CHAMPEAUX. »

(4)   ARMÉE DE LA LOIRE. — 15ᵐᵉ CORPS.
Intendance militaire de la 3ᵐᵉ division d'infanterie.

Mehun-sur-Yèvre, le 30 décembre 1870.

« Monsieur le directeur de l'Ambulance Girondine,

» J'ai l'honneur de vous faire connaître que par suite de l'arrivée » à Mehun du personnel et matériel de l'Ambulance de la 3ᵐᵉ division d'infanterie, je donne des ordres pour que le service de santé » et administratif des malades provenant de l'Ambulance que vous » dirigez soient assurés par nos propres moyens à dater de ce jour.

» Je vous remercie, Monsieur le Directeur, du concours em-

Les nouvelles de Bordeaux apprennent à l'Ambulance Girondine que les mobilisés de la Gironde sont en grande partie dirigés sur le Mans. Malgré la distance, distance d'autant plus grande que Vierzon étant trop voisin des lignes prussiennes, suivant les conseils de l'Intendance militaire, il faut, pour aller à Tours, passer par Issoudun, Châteauroux, Loche, Châtillon et Cormery, l'Ambulance part pour cette destination. (5)

Les étapes se font difficilement : deux pieds de neige couvrent les routes et quoique tout le personnel fasse la route à pied afin d'alléger les voitures, c'est péniblement que les chevaux les traînent.

C'est ce qui explique l'arrivée de l'Ambulance à Tours, le 5 janvier seulement.

Dans ce moment, on y entend distinctement le bruit du canon.

Par l'entremise de M. de Flavigny dont le nom aujourd'hui est synonyme de zèle et de dévouement, l'Ambulance Girondine obtient d'être attachée offi-

---

» pressé que vous avez prêté, ainsi que le personnel sous vos ordres,
» à l'administration militaire, dans cette circonstance.
   » Veuillez agréer, Monsieur le Directeur, l'assurance de ma con-
» sidération distinguée,

L'Intendant militaire : (Signature illisible).

» (5) L'Intendant en chef du 15° corps ayant eu lieu d'être très-
» satisfait des services rendus par l'Ambulance Girondine à la 3°
» division d'infanterie pendant l'absence de l'Ambulance de cette
» division, disparue après l'affaire d'Orléans, la recommande tout
» spécialement à ses collègues des 18° et 20° corps, qui pourront
» probablement à leur tour l'employer d'une manière fort utile, et
» les prie de venir en aide à Monsieur Francis de Luze, directeur en
» chef de cette Ambulance.
   » Vierzon, le 29 décembre 1870.
         » *L'Intendant en chef du 15° corps*, Signé : Santini. »

ciellement à la 3ᵉ division du 16ᵉ corps, général de Curtène, faisant partie du corps d'armée du général Chanzy.

L'Ambulance espère se trouver bientôt parmi les Girondins, d'autant plus qu'ils se sont battus à Monnaie quelques jours auparavant.

Le 6 janvier, à deux heures de l'après-midi, on reçoit l'ordre de joindre la 3ᵉ division qui se bat à Châteaurenault ; 25 kilomètres seulement séparent du théâtre de l'action, pourtant la neige et la glace obligent à faire deux étapes.

On part ce même jour, à quatre heures, et le lendemain matin l'Ambulance se présente à Châteaurenault, à l'Intendance militaire, pour recevoir ses instructions.

Le château de La Boisnière, par ordre supérieur, est mis à sa disposition pour établir une ambulance. (6)

---

(6) « Châteaurenault, 8 janvier 1871.
ORDRE.
» M. de Luze, directeur de l'Ambulance de la 3ᵉ division du
» 16ᵉ corps, ayant établi son quartier au château de la Boisnière,
» est autorisé à faire évacuer tous locaux ou écuries pouvant servir
» au placement de ses chevaux.
» Cette mesure d'évacuation sera applicable partout où il jugera
» convenable d'établir ses écuries et son matériel.
» Pour le Général commandant supérieur,
» Par ordre : *Le Chef d'état-major*, (Signature illisible.) »

« Nous maire de la commune de Villedômer, requérons M. de Fo-
» restier comte de Coubert, propriétaire au château de La Boisnière
» (Villedômer), d'avoir à loger quinze chevaux appartenant à l'Am-
» bulance Girondine, faisant fonction de l'ambulance militaire de la
» 3ᵉ division du 16ᵉ corps.
» Mairie de Villedômer, le 8 janvier 1871.
» *Le Maire,* Signé : GORINI. »

Ce jour, dimanche 8 janvier, le canon gronde de toutes parts ; sur l'ordre du général, une partie de l'Ambulance va dans la direction d'Othon, l'autre vers Saunay et cinquante blessés environ sont rapportés au château de La Boisnière.

Le jour suivant, l'Ambulance part encore pour le champ de bataille, et à peine sur la route, apprend que les Prussiens avancent et que l'armée française se replie.

L'intendance militaire, le personnel et le matériel du chemin de fer effectuent aussi leur départ.

Le moment est solennel !... Tous les membres de l'Ambulance se réunissent et, de propos délibéré, il est décidé à l'unanimité que les lois de l'humanité ne permettent pas de se séparer de soixante-sept blessés et malades qui sont dans le château.

A midi, ce même jour, les Prussiens font leur entrée dans le village, et à deux heures deux compagnies viennent s'établir au château de La Boisnière, occupé par l'Ambulance.

Ce n'est pas ici la place de parler des rapports de l'Ambulance Girondine avec les Prussiens, de la difficulté de se procurer provisions et fourrages, des privations que les blessés ont eus à supporter et que l'Ambulance a partagées avec eux. Ce rapport se borne à mentionner que l'Ambulance s'est trouvée dans la situation de tous ceux habitant les pays envahis et laisse à l'histoire le soin de la définir.

L'Ambulance Girondine a pu soigner et nourrir ses blessés, et, désirant suivre son programme, c'est-à-dire fonctionner sur les champs de bataille, elle évacue sur Blois les convalescents, les autres dans une ambulance civile du village de Château-renault, et se dispose à partir dans la direction du

Mans, s'étant munie au préalable d'un sauf-conduit prussien. (7)

A ce moment, l'Ambulance Girondine se compose de trente-sept personnes par l'addition des infirmiers militaires qui ont été attachés à son service par l'intendance de la 3e division du 16e corps.

La neige est plus épaisse que jamais; et ce n'est qu'après un long et pénible voyage que l'Ambulance arrive après le combat à Parigné-L'Evêque.

Les blessés ont été recueillis au nombre de quatre-vingt-douze par deux chirurgiens militaires, et M. Fournier, médecin, maire de cette localité. Ces victimes sont logées chez les habitants qui se sont montrés dévoués et pleins de sollicitude.

Mais ce personnel médical est très insuffisant; aussi un aide-major, un sous-aide et un infirmier de l'Ambulance Girondine sont laissés dans cet endroit.

Ce même jour, on arrive à Changé où le combat a été très meurtrier ; deux cent quarante-sept blessés y ont été recueillis par les soins infatigables

---

(7) « Il est permis à M. Francis de Luze, chef d'une Ambulance
» internationale, d'aller d'ici au Mans avec son personnel et maté-
» riel se composant de :

    37 ambulanciers,
    8 voitures,
    17 chevaux.

» Sur son désir, la route de Le Boulay, La Ferrière, Marray,
» Chemillé, La Chartre, Grand-Lucé, Parigné-L'Evêque, Le Mans
». lui a été désignée.

» Au Mans, il devra se présenter au commandant de place.

» Les autorités royales militaires sont priées de laisser passer le
» sieur de Luze sur ladite route.

      » Signé : HARTMANN,
   » *Lieutenant-Général et Général de division.* »

de MM. de Riou et Charton, chirurgiens militaires.

M. Oudayer, curé de Changé et aussi les Sœurs de la communauté d'Evron, dirigeant l'école communale des filles, ont dû faire face au danger et montrer leur zèle et leur dévouement.

Tout manque dans cette localité : nourriture, objets de literie, médicaments, instruments de chirurgie, etc.,

Les premiers soins sont donnés avec le concours des chirurgiens militaires nommés plus haut, qui ne se séparent de l'Ambulance Girondine que pour rejoindre leurs corps lorsque leur concours n'est plus indispensable.

L'Ambulance rencontre là de bien grandes difficultés pour pourvoir aux besoins d'un nombre de personnes aussi considérable.

Les blessés ont à supporter bien des privations ; mais elle prie de prendre en considération que ce pays était ravagé, affamé ; que pour se ravitailler il fallait tous les jours envoyer des voitures au Mans, qui dans le moment offrait bien peu de ressources, et dans tous les environs, jusqu'à une distance de plus de 25 kilomètres.

Dès son arrivée au Mans, l'Ambulance est l'objet de l'accueil le plus bienveillant et le plus sympathique de la part des autorités de la ville, et aussi de la part de M. L. Boulangé, président de la Société de secours aux blessés.

Peu de jours après son arrivée à Changé, sur les renseignements qui lui sont donnés, l'Ambulance Girondine visite les ambulances voisines et reconnaissant un manque absolu de ressources dans celle établie à Champagné, elle prend à sa charge et transporte à Changé 34 militaires, choisis parmi les plus grièvement blessés, et évacue dans ses voitures les autres, au nombre de 35 environ, dans différentes ambulances du Mans qui lui sont désignées par les autorités municipales. (8)

Le 25 février, une ambulance établie dans la ville du Mans, connue sous le nom de l'*Ambulance Poulin*, contenant 45 blessés, est confiée aux soins de l'Ambulance Girondine par la municipalité de cette ville.

Malgré ce surcroît de travail et surtout de dépenses, l'Ambulance Girondine ne croit pas devoir refuser ce nouveau mandat, par le fait que cette ambulance contient en majeure partie des Girondins.

Ces blessés étaient soignés par le docteur Roux, chirurgien du 5me bataillon des mobiles de la Gironde.

Depuis quinze jours déjà l'Ambulance Girondine rendait fréquemment visite à l'Ambulance Poulin, et s'efforçait de lui rendre les services en son pouvoir. Elle exprime ici le regret d'avoir connu un peu tard son existence. Cette ambulance est confiée aux soins de l'Ambulance Girondine, le 26 février, après le départ du docteur Roux.

Un aide-major, deux sous-aides et quatre infirmiers appartenant à l'Ambulance Girondine sont attachés à ce nouvel établissement, sous la surveil-

---

(8) Les blessés de Champagné ont été secourus et soignés par M. Bachelot, chirurgien major du 2e bataillon des mobilisés de la Loire-Inférieure, et M. Louis Porson, aide-major du 1er bataillon de la même légion. — Je suis heureux de l'occasion qui m'est fournie de rendre hommage à la vérité, en témoignant à ces médecins mon admiration pour les services réels qu'ils ont rendus dans des circonstances aussi périlleuses et aussi difficiles ; et dans cette circonstance, je ne suis que l'écho de ce que tout le monde pense et dit à Champagné sur la conduite de MM. Bachelot et Porson.

lance des chirurgiens Demons et Lande, qui vont journellement y rendre leurs visites.

Le service général de l'Ambulance est alors excessivement compliqué. D'une part, à Changé, les blessés sont répartis dans dix-huit ou vingt locaux différents, dont quelques-uns fort éloignés ; et comme l'Ambulance soigne et en même temps nourrit elle-même ses blessés, la pharmacie et la cuisine se trouvant dans un point central, le service rend nécessaire un personnel de domestiques et d'infirmiers considérables. D'autre part, le transport quotidien du directeur-adjoint, de l'aumônier et des chirurgiens-major dans les Ambulances du Mans et de Parigné-l'Évêque, et le transport des provisions et fourrages exigent, une écurie très-importante, car pas moins de douze chevaux sortent régulièrement tous les jours. C'est une lourde charge pour l'Ambulance, obligée de se procurer, à ses frais, les grains et fourrages avec la plus grande difficulté et à des prix exorbitants.

Le service de Parigné-l'Évêque est devenu aussi plus important, les deux chirurgiens-major ont rejoint leurs corps, leur concours n'étant plus indispensable.

Outre le service militaire, le service civil occupe beaucoup le personnel médical de l'Ambulance Girondine. Il n'y a pas de médecin civil à Changé ; d'ordinaire les malades sont visités par le médecin de Parigné-l'Évêque, qui a dû forcément renoncer à ce service, n'ayant plus de moyens de transport. Tous chevaux et voitures ont disparus dans ce pays.

Pourtant la mortalité est considérable à Changé, et l'Ambulance Girondine ne croit pas sortir de son mandat en donnant ses soins aux habitants de la commune. C'est ainsi que les chirurgiens-major ont rendu 1,096 visites à 211 habitants, conformément aux détails du registre.

Il n'y a pas non plus de pharmacie dans la localité ; l'Ambulance Girondine ouvre la sienne aux habitants et délivre gratuitement les médicaments, conformément aux prescriptions des chirurgiens.

C'est le 10 mars seulement, après la conclusion de la paix, que l'Ambulance Girondine peut songer à un retour prochain dans ses foyers.

Son premier soin est d'évacuer les blessés convalescents, et de trouver des places pour les autres. Ce travail se fait sans difficultés, grâce au concours obligeant de M. Mordret, chirurgien en chef des ambulances du Mans.

Le 17 mars, les blessés gravement malades encore, sont transportés de Changé dans l'Ambulance Poulin au Mans et les autres dans différentes ambulances désignées par l'Intendance militaire.

Ceux de Parigné-l'Evêque sont évacués sur le Mans ; l'Intendance militaire se charge de les diriger, et les gravement malades, au nombre de douze, sont confiés aux soins de M. Fournier, médecin de cette commune.

En même temps, l'Ambulance s'occupe de vendre son matériel de voitures et chevaux, ce bagage devenant désormais inutile ; et il n'est ramené à Bordeaux que celui prêté pour la durée de la guerre par quelques souscripteurs auxquels ils est restitué.

Le 18 mars, l'Ambulance Girondine part du Mans et arrive à Bordeaux après une campagne de 92 jours, rapportant avec elle un registre aussi régulièrement tenu que les circonstances l'ont permis et présentant le tableau suivant :

Malades et Blessés soignés par l'Ambulance Girondine.

	Malades	Blessés	Total
Mehun	382	2	384
Châteaurenault	7	60	67
Parigné-l'Evêque	»	92	92
Changé	»	248	248
Le Mans	»	69	69
Habitants de Changé	211	»	211
	600	471	1,071

Il se trouve que tous les blessés et malades soignés par l'Ambulance Girondine sont Français.

Les colonnes d'entrées et de sortie du registre présentent le calcul suivant :

Total général	1071
A déduire habitants de Changé	211
Restent militaires	860
Qui ont fait en moyenne dans l'Ambulance un séjour de 32 jours	32
	1720
	2580
Nombre de jours	27520

Si l'Etat rembourse l'Ambulance Girondine, conformément à la convention de Genève, à raison par jour et par soldat de 1 fr. 25.

```
        27520
         1.25
        ─────
       137600
        55040
        27520
```

Elle a droit à une indemnité de F. 34400

Dès son arrivée à Bordeaux, le lundi matin 20 mars, le premier devoir de l'Ambulance Girondine est d'aller rendre une visite d'hommage à la tombe de M. Francis de Luze, son regretté Directeur, mort dans l'exercice de ses fonctions, victime de son devoir et de son dévouement; là, le Pasteur Delmas, aumônier protestant de l'Ambulance Girondine, corréligionnaire du défunt, exprime avec le cœur, les regrets que laisse après lui un homme doué comme l'était M. Francis de Luze.

Voici les paroles prononcées par le Pasteur Delmas :

Messieurs,

« Au témoignage matériel de notre douleur, et à l'hommage muet de notre présence, il convient d'ajouter quelques paroles, pour exprimer nos sentiments et nos pensées. Cette tâche m'est dévolue. Elle m'est facile et douce, puisqu'en parlant pour vous je parlerai aussi pour moi.

» Nous regrettons tous l'homme excellent qui repose dans ce tombeau, car nous l'aimions tous. C'est qu'il possédait au plus haut degré cette qualité rare et exquise : la bonté. Il était bon, et jamais homme ne nous avait donné comme lui l'idée de la bonté. Il y a deux sortes de bonté, l'une voulue, cherchée par devoir et qui trahit l'effort ; l'autre d'instinct et de jet naturel, spontanée, sans apprêt ni préméditation. Il avait la seconde. Et si grande, si abondante, elle était en lui, qu'il en avait pour toutes les misères.

» A cet usage, son cœur ne se fatiguait ni ne s'usait, il l'avait jeune comme tous ceux qui l'ont vraiment bon. C'est ainsi qu'il nous avait conquis et gagnés, par cette lente mais sûre possession de la bonté.

» D'autres s'imposent par la supériorité hautaine de l'esprit. Il nous avait attirés et pris par le charme de sa nature affectueuse. Il s'était fait aimer de nous tous. La mort nous l'a ôté ; elle a fait invisible, impalpable celui que nous avions vu et touché, mais elle ne saurait le faire absent, et, dans notre souvenir, autant que nous il vivra. D'autres diront ailleurs ses autres qualités. Moi, je m'arrête ici, car ce n'est point un éloge que je fais, c'est un témoignage que je rends.

» Dirai-je maintenant mes pensées devant cette tombe pleine de celui qui était, il y a quelques jours à peine, au milieu de nous dans sa force ? Ce n'est pas le rendez-vous que nous nous étions donné en nous séparant. Nous devions nous réunir autour d'une table fraternelle..... et nous voici sur une tombe ! C'est la vie, l'homme propose d'une façon et Dieu dispose d'une autre. N'importe. Ces jours, ces souvenirs compteront parmi nos meilleurs ; ils ne seront pas non plus perdus. Par eux, nous aurons connu non pas le devoir obligé, mais ce devoir libre qui s'appelle le dévouement. Par eux, nous aurons appris que les jours estimés par nous-mêmes, les vrais et les bons, sont ceux qu'on a vécus non pour soi-même, mais pour autrui, pour le prochain. Par eux, nous avons appris que toutes les collaborations dans le bien sont bonnes, et que les hommes les plus divisés par les idées peuvent se rencontrer fraternellement sur le terrain de l'activité morale, dans le dévouement aux hommes sous le regard du commun Père qui est aux cieux. Ces souvenirs, ces leçons, ces expériences nous sont chers, et nous les associerons toujours pieusement à la mémoire de celui qui nous en avait fourni l'occasion.

» Notre faisceau fraternel va se rompre, Messieurs, nous allons revenir, chacun à sa place ou plutôt à son poste. En de tels jours, en effet, il n'y a que des postes. Revenons-y pleins de ce deuil et de son enseignement. Rapportons-les comme l'unique butin que nous puissions rapporter de cette triste guerre. Et maintenant que nous avons rendu témoignage à l'ami parti avant nous pour le repos éternel, invoquons ensemble ce Dieu que nous pouvons tous invoquer comme ses enfants, par conséquent comme des frères, le Dieu qui est notre père...... »

Ici, suivant l'usage de son Eglise, le pasteur pria Dieu, non pour le mort confié à sa miséricorde, mais pour les vivants, témoins affligés de cette mort, afin qu'enseignés par elle, ils fussent plus détachés de ce monde, plus attachés au bien, cherchant la force et la joie de leur vie dans un accomplissement fidèle de leur tâche.

Pendant les premiers jours qui suivent l'arrivée de l'Ambulance Girondine à Bordeaux, elle reçoit des souvenirs trop précieux pour qu'elle ne désire pas les reproduire ici, et saisir cette occasion d'en remercier publiquement les auteurs. Voici ces documents :

Le Mans, 10 mars 1871.

Monsieur Labadie, directeur de l'Ambulance Girondine,

Monsieur,

Je me fais un véritable plaisir de vous donner

copie du rapport que j'ai adressé à la suite de mon inspection, à M. le maire de la ville du Mans, sur l'Ambulance Girondine.

Si quelque bien est dit dans ce rapport sur l'Ambulance que vous dirigez, croyez que je n'ai eu qu'à me faire l'écho de ce que tout le monde pense et dit sur l'Ambulance Girondine, appréciation dont je m'estime heureux d'avoir eu l'occasion de reconnaître toute l'exactitude.

Veuillez agréer, Monsieur, l'expression de mes sentiments les plus distingués et très dévoués.

Signé : AUBERGE,
Conseiller de Préfecture, Inspecteur municipal des ambulances.

Le Mans, 9 février 1871.

Monsieur le maire de la ville du Mans,

Le 4 février, je me suis rendu à Changé pour visiter l'Ambulance Girondine.

Ce jour-là on comptait 180 militaires (9), blessés ou malades, mais en plus grande partie blessés, provenant des combats qui ont eu lieu autour de ce village. Ces blessés sont répartis dans un certain nombre de maisons dont quelques-unes sont très éloignées, ce qui rend le service d'autant plus pénible que la pharmacie et la cuisine sont installées dans un point central.

Cette situation explique l'importance du personnel et du matériel affectés au service de cette ambulance, et qui comprennent :

---

(9) La visite de M. Auberge est en date du 4 février. A cette époque des évacuations avaient déjà été faites.

Personnel proprement dit de l'Ambulance : deux Directeurs, un aumônier.

Médecins et pharmacien.........	21
Infirmiers civils appartenant à l'Ambulance......................	10
Infirmiers militaires recrutés parmi ceux qui ont été guéris	10
Total......	41 personnes

En outre, 8 voitures et 16 chevaux.

Ces voitures ont différentes destinations en vue desquelles chacune est aménagée. Elles appartiennent, il faut le remarquer, à une Ambulance qui s'était organisée en vue de suivre les armées sur les champs de bataille, et que les circonstances seulement ont rendu stationnaire.

Cette Ambulance ne peut donc se dessaisir de ses voitures et des attelages qui, d'ailleurs, ont été réduits au strict nécessaire. Enfin l'Ambulance devant aller se procurer ses approvisionnements à des distances éloignées (le Mans, le Grand Lucé, la Chartre, etc., etc.,) et devant faire plusieurs fois par jour, dans les différentes maisons, des distributions d'aliments préparés dans la cuisine centrale, si quelques voitures seulement sont employées, la totalité des chevaux conservés est nécessaire.

Cette Ambulance est très bien dirigée; les livres sont fort régulièrement tenus, et les Directeurs sont disposés à acheter de leurs propres deniers tout ce qu'ils pourront se procurer. Les difficultés qu'ils rencontrent pour trouver directement le nécessaire, ont décidé les Directeurs à s'adresser à la municipalité du Mans, mieux placée pour s'approvisionner. Les charges énormes que cette Ambulance a à supporter, font également désirer à Messieurs les Directeurs d'avoir, dans certaines limites, le concours de la ville du Mans.

Enfin l'Ambulance ne trouvant pas, malgré toutes ses recherches, la possibilité de se procurer du fourrage pour la nourriture de ses 16 chevaux, demanderait de la part de la municipalité du Mans des réquisitions ; mais il reste bien entendu que ces dernières réquisitions n'auraient pas d'autre effet que de faire fournir la chose, et que le prix serait exactement remboursé par l'Ambulance, qui tient à supporter les frais de la nourriture de ses chevaux, qui sont sa propriété.

Après ces lignes qui résument les besoins de l'Ambulance de Changé, tels qu'ils m'avaient été signalés lors de ma visite, je dois dire que j'ai eu occasion de voir depuis au Mans M. le Sous-Directeur qui m'a fait part de l'arrangement qu'il avait eu occasion de prendre avec la municipalité, et par lequel l'Ambulance recevrait gratuitement 220 rations en pain, viande et vin, pendant qu'elle continuerait à se procurer à ses frais, sel, café et sucre. J'ignore si l'arrangement a porté sur les fourrages.

L'Ambulance Girondine ne recule d'ailleurs devant aucun sacrifice personnel pour assurer le bien-être de ses malades. Le couchage lui appartient en entier et sera entretenu à ses frais. Des distributions en vêtements ont lieu constamment par ses soins aux militaires qui en sont dépourvus, tant dans ses propres salles que dans les Ambulances voisines.

J'ai cherché à aider de mon possible ce dévouement, et je me suis rendu auprès de M. le Maire de Changé pour l'engager à user de son influence auprès des habitants de la commune pour obtenir d'eux, en faveur d'une Ambulance qui leur donne gratuitement soins et médicaments (50 malades civils visités en moyenne par jour dans un périmètre fort étendu), des libéralités en nature, et principalement des places pour recevoir, isolément où par fractions, des malades qui, par ce moyen, recouvreraient plus facilement la santé.

Je dois encore signaler deux choses à la louange de l'Ambulance Girondine :

1° Connaissant les conditions défavorables dans lesquelles est l'Ambulance de Champagné, elle a, sans attendre d'y être invitée, transporté dans ses propres voitures, à Changé, pour les soigner elle-même, les 34 malades où blessés sérieux qui se trouvaient à Champagné. Il ne reste plus ainsi dans cette dernière localité que 12 convalescents environ, et l'Ambulance Girondine s'offre à les transporter dans ses propres voitures au Mans, dès que la municipalité lui aura fait connaître l'Ambulance ou les Ambulances où il y a des places disponibles; par ce moyen, l'Ambulance de Champagné se trouverait complètement évacuée.

2° Deux des médecins de l'Ambulance Girondine sont détachés à Parigné-l'Evêque, où concurremment avec deux médecins militaires restés dans cette localité à la suite des combats, ils soignent 53 malades ou blessés, (10) les militaires se trouvant dans d'excellentes conditions, tous logés chez les

---

(10) La visite de M. Auberge est en date du 4 février. A cette époque des évacuations avaient déjà été faites.

habitants qui prennent à leurs frais toutes les dépenses en nourriture et médicaments et autres libéralités.

Veuillez agréer, Monsieur le Maire, l'expression de mes sentiments les plus distingués.

<small>Le Conseiller de Préfecture Inspecteur municipal des Ambulances,</small>
Signé : AUBERGE.

Pour copie conforme :
Signé : AUBERGE.

Société Française de secours aux Blessés, Comité départemental de la Gironde

Bordeaux, le 18 mars 1871

Monsieur,

Nous avons l'honneur de vous adresser ci-joint copie d'un rapport que nous venons de recevoir de M. le Dr Lapeyre.

Il honore trop l'Ambulance Girondine pour que nous ne nous empressions pas de le porter à votre connaissance.

Agréez, Monsieur, l'assurance de mes sentiments les plus distingués.

Le secrétaire général,
Vte DE PELLEPORT.

Monsieur le Président du Comité départemental de la Gironde, Société française de secours aux blessés des armées de terre et de mer.

Monsieur le Président,

Je viens vous signaler la conduite exceptionnelle de l'Ambulance Girondine, dirigée par M. F. de Luze, qui a soigné nos blessés à Changé, après la bataille du Mans.

M. de Riou, médecin-major au 62me de marche, et M. Charton, mon aide-major au 37me de marche, ont été faits prisonniers au village de Changé ; après une absence de vingt-deux jours, ils sont rentrés pénétrés d'admiration pour l'abnégation, le zèle et le dévouement dont a fait preuve cette Société envers les blessés français. Ils m'ont raconté tous les efforts faits par ses membres pour assurer des secours et des vivres à nos blessés ; ils ont été surtout frappés des privations qu'ils s'imposaient, et tandis que nos soldats recevaient une distribution de vin et de café, ces messieurs ne buvaient que du cidre.

Je suis heureux, Monsieur le Président, d'être l'interprète de ces sentiments qui honorent l'Ambulance Girondine et les membres du Comité qui l'ont patronnée.

Je suis avec le plus profond respect, Monsieur le Président, votre tout dévoué serviteur,

Signé : LAPEYRE
Médecin-Major au 37me de marche.

Pour copie conforme :

Le secrétaire général,

Signé : Vte DE PELLEPORT.

Bordeaux, le 14 mars 1871.

Comité du Mans, Société de secours aux blessés des armées de terre et de mer.

Le Mans, 20 mars 1871.

Monsieur le Directeur,

Au moment où vous êtes arrivé au terme de la mission que vous avez remplie avec tant de zèle et de dévouement, je ne veux point vous laisser quitter Le Mans sans vous adresser, ainsi qu'à vos dévoués collaborateurs, mes remerciements les plus sincères. Vous laisserez parmi nous les souvenirs les plus vifs ; et les nombreux malades auxquels vos bons soins ont été prodigués avec tant de sollicitude, n'oublieront pas, j'en suis sûr, l'Ambulance Girondine. Je suis heureux, en mon nom et en celui de mes collègues du Comité de secours aux blessés, de vous donner ce dernier témoignage de toutes nos sympathies, et de vous exprimer en même temps les douloureux regrets que nous a fait éprouver la mort de M. de Luze, votre chef dévoué, tombé victime de son devoir et succombant aux fatigues de sa mission de charité.

Veuillez agréer, M. de Directeur, pour vous et vos excellents collaborateurs, l'assurance de mes sentiments les plus distingués,

Signé : L. BOULANGÉ.
Vice-Président du conseil de Préfecture de la Sarthe,
Président du Comité de secours aux blessés.

—

Comité du Mans, Société de secours aux blessés des armées de terre et de mer.

Le Mans, 21 mars 1871.

Monsieur le Docteur Demons, chirurgien-major de l'Ambulance Girondine.

Le Comité international de secours aux blessés de la Sarthe, dont je suis heureux d'être l'interprète en cette circonstance, me charge de vous remercier pour le zèle avec lequel vous avez prodigué vos soins aux nombreux malades et blessés confiés à votre sollicitude pendant le long et pénible séjour que vous avez fait à Changé.

Nous n'oublierons jamais, croyez-le bien, ni vous ni vos collaborateurs si intelligents, ni votre digne chef, M. Labadie, ni votre excellent aumônier.

L'Ambulance internationale Girondine laissera parmi nous des souvenirs qui ne s'effaceront pas.

Recevez, Monsieur le Docteur, l'assurance de mes sentiments les plus distingués.

Signé : L. BOULANGÉ.
Vice-Président du Conseil de Préfecture, et Président du Comité de secours aux blessés.

COMITÉ DU MANS.

Société de secours aux blessés des armées de terre et de mer.

Le Mans, le 21 mars 1871.

Monsieur le Docteur Lande, chirurgien-major de l'Ambulance Girondine.

Au moment où, arrivé au terme de votre mission de bienfaisance, vous retournez à Bordeaux, je viens vous adresser tant en mon nom qu'au nom de mes collègues du Comité de secours aux blessés, l'expression de nos sympathies, et vous remercier pour le zèle et la sollicitude dont vous avez su entourer les nombreux malades et blessés confiés à vos soins.

Croyez que nous conserverons, Monsieur, le souvenir de l'Ambulance Girondine, de son digne chef, des deux chirurgiens qui ont fait preuve de tant de dévouement et enfin de votre excellent aumônier.

Veuillez agréer, Monsieur le Chirurgien-Major, l'assurance de mes sentiments les plus distingués.

Signe : L. BOULANGÉ,
Vice-Président du Conseil de Préfecture et Présiden du Comité de secours aux blessés.

Le Mans, le 27 mars 1871.

*Monsieur Adolphe Labadie, directeur de
l'Ambulance Girondine.*

J'ai regretté de ne pas vous voir avant votre départ, parce que je n'ai pu vous témoigner ma reconnaissance pour les soins que vous avez donnés à nos pauvres blessés et pour les services de tous genres que vous leur avez rendus.

Je conserve, Monsieur, le souvenir des bons rapports que nous avons eus dans des circonstances aussi malheureuses, mais d'autant plus propices pour créer la sympathie.

Je désire vivement, Monsieur, avoir l'avantage de vous rencontrer dans des temps meilleurs et j'en conserve l'espoir.

Veuillez agréer, Monsieur, l'assurance de mes sentiments affectueux et dévoués.

Signé : MORDRET.
Chirurgien en chef des ambulances du Mans.

---

*Monsieur Adolphe Labadie, directeur-adjoint de
l'Ambulance Girondine.*

Mon cher Directeur,

J'éprouve un vif désir de vous adresser de nouveau mes remerciements pour toutes les bontés dont nous n'avons cessé d'être l'objet de votre part pendant notre séjour dans l'Ambulance Girondine.

Je n'ai pas besoin de vous cacher que j'ai toujours regretté d'être resté pendant quelques jours dans l'ambulance prussienne où je manquais à peu près de tout et particulièrement de nourriture, aussi n'ai-je commencé à entrer en voie de guérison que lorsque j'ai pu être transporté chez vous.

Depuis ce jour jusqu'à celui de mon évacuation au Mans, c'est-à-dire pendant deux mois, votre sollicitude de chaque jour pour me procurer avec empressement et générosité tout ce qui pouvait contribuer à hâter mon rétablissement ne s'est jamais démentie ; et Dieu sait s'il vous a fallu faire des courses de tous côtés.

Quant à l'organisation de votre Ambulance, je ne crois pas qu'il était possible d'en avoir une meilleure, surtout tenant compte des circonstances défavorables dans lesquelles l'Ambulance, dès le début, a été appelée à fonctionner.

Malgré tous ces obstacles, vous avez pu, non seulement donner des soins au grand nombre de blessés que vous aviez à Changé et aux environs, mais encore, grâce au zèle de vos médecins vous avez fait donner des soins aux habitants des communes voisines dans un rayon fort étendu.

Partout dans le pays, vous avez prêté votre aide à l'administration et aux particuliers, et le passage de l'Ambulance Girondine dans cette contrée a été pour elle un vrai bienfait, dont le souvenir ne pourra s'effacer.

En résumé, l'Ambulance internationale Girondine ne laissait rien à désirer sous le rapport du personnel et du matériel ; elle ne pouvait avoir une meilleure direction ; aussi, les résultats qu'elle a obtenus ont été aussi beaux que possibles.

Dans quelques jours j'écrirai au docteur Lande pour lui adresser mes remerciements.

Rappelez-moi, je vous prie, au bon souvenir du docteur Demons et de votre excellent aumônier.

Madame Cahart me charge de ses compliments pour vous, et quant à moi, mon cher monsieur, je vous remercie de nouveau et vous serre cordialement les mains.

Signé : CAHART.
Lieutenant-colonel du 62e de marche,
officier de la Légion d'honneur.

MAIRIE DU MANS. — *Cabinet du Maire.*

Le Mans, 1er avril 1871.

L'administration municipale du Mans se plaît à donner à tous les membres de l'Ambulance Girondine, présidée par M. Adolphe Labadie, un témoignage de sa vive reconnaissance pour les soins aussi dévoués qu'intelligents qu'elle a donnés aux nombreux malades et blessés qui lui ont été confiés.

Pour le Maire absent.
Signé : DESGRAVIERS, *adjoint.*

Bordeaux, 6 avril 1871.

Mon cher Monsieur Labadie,

Je m'empresse de vous envoyer copie de la lettre que j'ai écrite à M. le rédacteur en chef du journal la *Gironde*, le 9 ou le 10 du mois dernier.

Je désire vous envoyer ce témoignage de ma reconnaissance pour les bons soins dont j'ai été l'objet, pendant les deux mois que j'ai passés dans l'Ambulance Girondine.

« Monsieur le Rédacteur,

» Je n'ai pas l'honneur de vous connaître, et cependant je n'hésite pas à avoir recours aux colonnes de votre estimable journal, pour vous prier d'y insérer les quelques lignes qui suivent.

» C'est de l'Ambulance Girondine, dont je veux vous parler. Les services qu'elle a rendus aux blessés de notre pauvre et malheureux pays, ne sont pas de nature à les laisser passer sous silence. Ces services, Monsieur le Rédacteur, méritent qu'on les signale à l'attention publique, voire même à l'attention du gouvernement, car ils font le plus grand honneur au département de la Gironde. Je m'abstiens, Monsieur le Rédacteur, d'entrer dans des détails trop longs à énumérer, et qui pourtant font le plus grand honneur au personnel de l'Ambulance Girondine, exclusivement composée d'hommes exempts du service militaire et qui ont fait le sacrifice de leurs positions pendant la durée de la guerre, pour servir avec abnégation et dévouement la plus sainte et la plus noble des causes.

» Je ne crains pas d'affirmer, Monsieur le Rédacteur, que l'Ambulance Girondine est sinon la seule, du moins celle qui a le mieux compris et le mieux rempli ses devoirs. Son uniforme aussi modeste que sévère, est le même pour tout le personnel. Simple et modeste, elle a su pourtant étaler son dévouement sur les champs de bataille, témoins les blessés de Champagné, de Parigné-l'Évêque, de Changé et en dernier lieu ceux du Mans.

» Et maintenant, Monsieur le Rédacteur, est-il besoin de signaler à l'attention du public, les soins assidus et dévoués donnés par cette Ambulance à nos blessés qui depuis le 15 janvier dernier, n'ont manqué absolument de rien ; même les vêtements de toute sorte, le tabac, les cigares, le chocolat, le café, le vin, etc., étaient distribués avec profusion,

Quant à la vie matérielle, elle était aussi variée que possible, abondante et de bonne qualité.

» Le pauvre et regretté M. de Luze, victime de son dévouement, a été remplacé dans son emploi de directeur, par M. Labadie, sous la direction duquel tout marche avec une régularité parfaite et une connaissance bien entendue.

» Les blessés soignés et traités par l'Ambulance Girondine, n'oublieront jamais le personnel de cette Ambulance en général, et se rappelleront toujours l'affectueux dévouement avec lequel ils ont été traités chacun en ce qui le concerne par M. le directeur Labadie, par MM. l'aumônier Desplat, les chirurgiens Lande et Demons, et M. Larnaudie, pharmacien-major.

» Honneur donc à l'Ambulance Girondine, regrets éternels à son premier directeur, M. de Luze.

» Veuillez agréer, M. le Rédacteur, l'assurance de mes sentiments distingués. »

Signé : MARTELLI,
Chef de bataillon traité par l'Ambulance Girondine.

SITUATION FINANCIÈRE.

Etat du mouvement des fonds.

	RECETTES.
Souscriptions ....F.	46,599 »

Dépenses.

Frais généraux :
A Bordeaux....................F. 6,255 45
En campagne, pour 98 jours de campagne, à 99.62ᶜ par jour, soit...... 9,165 40
———— 15,420 85

Matériel :
Equipement 3,506 15
Chevaux et voitures 5,671 70
Instruments de chirurgie............. 1,749 35
Objets divers........................ 276 05
———— 11,203 25
A déduire : vente d'une partie du matériel.............................. 2,875 »
———— 8,328 25

Corps médical 7,432 75
A déduire : divers créanciers........... 3,056 »
———— 4,376 75

Service 1,320 20
A. de Luze fils et Cⁱᵉ, sa souscription........... 5,000 »
F. Samazeuilh et fils, balance de leur compte... 11,170 45
Argent en caisse 982 50
———— 46,599 » | 46,599 »

Le solde des souscriptions se monte donc à
F. 17,152 95, réparti comme suit :
Souscription A. de Luze et fils .... 5,000 »
Balance du compte F. Samazeuilh et Fils 11,170 45
Argent en caisse...................... 982 50
———— 17,152 95

A déduire : divers créanciers......... 3,056 »
dᵒ   fonds de réserve......... 2,000 »
———— 5,056 »

12,096 95

Retranchant du montant total des souscriptions................F. 46,599 »
Le solde en caisse................. 12,096 95

Nous avons la somme de............F. 34,502 05
qui représente la totalité des dépenses de l'Ambulance Girondine.

A cette somme de F. 12,096 95 restant en caisse, peut venir s'ajouter une partie des fonds que je me suis réservés pour payer les comptes arriérés et imprévus, qui se trouvent portés sous la rubrique *fonds de réserve*.

Il est bon de mentionner que sur les frais généraux, en campagne, il a été prélevé une somme de F. 955 qui a été donnée aux militaires évacués sur leurs corps ou dans leurs foyers, ces donations variant suivant la distance à parcourir.

Le compte ouvert à cet effet porte environ 60 noms pour la plupart Girondins.

Ce même compte porte qu'il a été donné par l'Ambulance Girondine, à plusieurs ambulances du département de la Sarthe et aux pauvres de la commune de Changé, des effets, vêtements, couvertures de laine, matelas, etc., évalués F. 1,850, objets provenant en grande partie de la Société de secours aux blessés, comité départemental de la Gironde.

En outre, 12 barriques vin rouge, à différentes ambulances de la ville du Mans, provenant en partie de la Société de secours aux blessés, comité départemental de la Gironde.

—

Tous comptes payés, il restera dans la caisse de l'Ambulance Girondine une somme de F. 12,096

95 cent., à laquelle peut venir s'ajouter une partie des fonds de réserve qui se compose de F. 2,000.

Je propose à la réunion qui représente ici la masse des souscripteurs, d'affecter ces sommes aux victimes de la guerres dans les localités où l'Ambulance Girondine a séjourné pendant sa campagne.

Je m'offre d'aller à mes frais répartir ces sommes avec le concours des autorités locales et celui de quelques notables habitants.

Ces sommes seraient réparties en proportion du nombre de blessés soignés dans ces communes, et aussi en proportion du nombre de jours que l'Ambulance Girondine y a passés.

Une somme de F. 1,000 serait confiée à Monseigneur l'évêque du Mans, pour être distribuée à ses pauvres.

Une somme de F 1,000 à M. le pasteur protestant du Mans, pour être distribuée aux pauvres de sa communauté.

Tel est, Messieurs, l'exposé que l'Ambulance Girondine tenait à vous soumettre sur l'ensemble de ses opérations.

Elle s'est efforcée de remplir son devoir, en faisant sur les champs de bataille et dans les hôpitaux ce que vous eussiez fait vous-mêmes, si d'autres devoirs non moins utiles ne vous avaient retenus au milieu de nos concitoyens.

L'Assemblée tout entière témoigne à M. Adolphe Labadie, par ses unanimes et chaleureuses acclamations, ses sincères félicitations sur tout le bien accompli par l'Ambulance Girondine.

La parole ayant été donnée à M. le chirurgien Lande, cet honorable docteur lit le rapport suivant :

MESSIEURS,

Trois grandes étapes marquent la route parcourue par l'Ambulance girondine pendant la campagne : Mehun, Châteaurenault, Changé. Trois fois l'ambulance a eu occasion de remplir sa mission, mais dans des conditions que les chances de la guerre ont rendues fort diverses.

Pendant son séjour à Mehun, l'ambulance n'eut guère à donner que des soins médicaux ; ce fut un accident qui amena le seul cas chirurgical sérieux observé : un jeune soldat nettoyant son fusil qui avait été chargé à son insu par un camarade, eut l'index gauche traversé ; il fallut achever l'amputation du doigt et reséquer une partie de la phalangine. Ce blessé fut laissé en bonne voie de guérison.

Les malades admis dans l'ambulance et sur lesquels il a pu être pris quelques notes, furent au nombre de 384. Les affections dominantes étaient celles des voies respiratoires et des voies digestives, auxquelles il faut joindre un assez grand nombre de cas de simple épuisement.

La dépression morale qui succède à la défaite, les fatigues et les privations d'une retraite précipitée par un froid des plus rigoureux et à travers un pays déjà ruiné, suffisent pour nous expliquer cette constitution médicale. C'est ainsi qu'il y eut :

Affections des voies respiratoires : Bronchite, Pneumonie, Pleurésie.................................. 159

Affections des voies digestives : Fièvre typhoïde, Dyssenterie...................................... 38
    Épuisement 54
    Variole 27
    Rhumatisme.. 26

Le nombre de décès pendant le séjour de l'Ambulance girondine s'est élevé à 5 seulement, dont 3 par variole hémorrhagique.

A Châteaurenault, l'Ambulance a recueilli 67 soldats dont quelques-uns seulement atteints d'affections médicales, la plupart étaient des blessés des combats de St-Amand et Villeporcher. Parmi les blessures les plus remarquables on peut citer :

Une fracture comminutive des trois derniers métacarpiens de la main gauche, ayant nécessité une amputation partielle de la main.

Une blessure au médius gauche : désarticulation métacarpo phalangienne.

Une fracture du crâne, avec enfoncement du pariétal gauche; coma complet, amélioration rapide après redressement du fragment enfoncé. Deux plaies pénétrantes de l'abdomen ayant amené rapidement la mort.

Enfin, il suffit de citer pour mémoire plusieurs extractions de balles ou d'esquilles.

A Changé, Parigné l'Évêque et à la maison Poulin du Mans, l'Ambulance girondine n'eut à traiter que des blessés Français pendant les deux mois qu'elle a passés dans les lignes prussiennes. Les chirurgiens se sont efforcés de faire de la chirurgie conservatrice, ne sacrifiant un membre qu'autant que l'amputation devenait indispensable. Ils ont ainsi conservé à de malheureux blessés, avec la vie, des membres qui, tout infirmes qu'ils soient, rendent encore des services.

Le détail suivant montre les divers genres de blessures qui ont été observées, les opérations nécessitées par elles, leurs résultats, non compris de nombreuses extractions de balles ou d'esquilles qui n'ont pas constitué à proprement parler des résections.

		Morts.
Plaies de tête avec fracture crâne......2	1
id. id. face.......8	2

Les deux blessés atteints de fracture du crâne avaient été frappés au sommet de la tête; chez l'un, par suite de l'enlèvement d'une esquille on a pu voir les battements du cerveau pendant plus de 25 jours ; ce blessé fut paraplégique au début, mais cette paralysie avait à peu près disparu quand il quitta l'ambulance.

Le second, chez lequel on avait eu à extraire du cerveau une longue esquille et la balle divisée en deux fragments, présenta de la perversion de l'appétit : sa faim et sa soif ne pouvaient être assouvies. Il avait déjà acquis un embonpoint excessif quand, après 15 jours, il succomba en 36 heures à une méningite.

Les plaies de la face, quoique la plupart très graves, ont guéri assez rapidement. Deux d'entre elles ont cependant amené la mort.

La première était une plaie de l'œil, avec fracture de l'orbite ; le blessé a succombé au tétanos.

La seconde comprenait une fracture du maxillaire inférieur à droite, une vaste plaie de la langue et une fracture du maxillaire supérieur et de l'os palatin gauche. Le blessé n'a pu résister à l'intoxication lente, résultat de l'absorption continue du pus fétide produit par la plaie qui le défigurait.

Plaies du tronc.

		Morts.
Plaies pénétrantes de poitrine	15	4
Plaies non pénétrantes avec fracture	2	»
Plaies pénétrantes de l'abdomen	6	1
Fracture de la colonne vertébrale	1	1

Parmi les blessés atteints de plaie pénétrante de poitrine qui ont péri, trois ont succombé à des complications pulmonaires, le quatrième à un accès de fièvre pernicieuse. Tous les autres ont guéri ; quelques-uns même très rapidement.

Les plaies de poitrine, non pénétrantes, ont été assez nombreuses; le tableau ci-dessus ne relève que les deux plus importantes, s'accompagnant de fracture. Pour la première, il y avait fracture de clavicule.

La seconde, plus grave, avait été produite par une balle qui, traversant le bras droit, avait ensuite pénétré sous la clavicule droite, brisé l'extrémité interne de cette clavicule, enlevé la fourchette du sternum, brisé l'extrémité interne de la clavicule gauche et était sortie au-dessus d'elle. Le blessé eut pendant quelques jours une fistule tracheale; on voyait battre au fond de la plaie la convexité de la crosse de l'aorte et le tronc brachio-céphalique. Il a parfaitement guéri.

Les plaies pénétrantes de l'abdomen ont été curieuses à plus d'un titre. Une seule a amené la mort par péritonite ; deux s'accompagnaient de hernie de l'épiploon; celui-ci a été réséqué dans les deux cas, au bout de quelques jours.

Un blessé eut une plaie de l'estomac ainsi que l'attestaient les débris de viande et de légumes parfaitement intacts que l'on retrouvait journellement dans les pièces de pansement ; il a guéri.

Un autre avait une plaie de la vessie ; l'urine s'écoulait goutte à goutte par les deux trous de la balle ; il a guéri rapidement par l'emploi d'une sonde à demeure.

Dans le cas de fracture de la colonne vertébrale, la balle, après avoir brisé l'apophyse épineuse de la 3ᵐᵉ lombaire, s'était perdue dans l'abdomen, elle fut retrouvée quelques jours après dans l'aine droite ; les lésions produites par son passage amenèrent un sphacèle de tout le secotum. Le malade succomba à la suppuration et à l'infection.

Fractures comminutives du membre supérieur :

	Opérations.	Morts.
Bras	9...1 amputation du bras.	
	2 résections de l'épaule.	
	1 désarticul. dᵒ	1
Coude	2...2 résections du coude.	1
Avant-bras,	3	1
Main	8...7 amputations du doigt.	
	1 résection du doigt.	

Les fractures comminutives du bras, au nombre de 9, ont nécessité, ainsi que l'indique le tableau ci-dessus, une amputation du bras, deux résections et une désarticulation de l'épaule.

L'amputé a présenté plusieurs complications auxquelles il a heureusement échappé. C'est ainsi qu'après avoir eu du sphacèle des lambeaux il a été atteint du tétanos qui n'a cédé qu'au bout de vingt jours au chloral employé journellement à la dose de 6 à 10 grammes. Le tétanos guéri, force a été de réséquer une portion de l'humérus de cinq centimètres de longueur, devenue saillante par suite de la rétraction de la manchette.

Les résections de l'épaule ont parfaitement guéri sans complications.

Quant au désarticulé il a succombé, au bout de douze jours, alors que sa plaie marchait rapidement vers la guérison. Sa mort fut due à une imprudence. Un soir, sous prétexte de la présence de vermine dans ses vêtements, il s'en dépouilla et demeura pendant toute une nuit de grand froid, sous le seul abri d'une couverture de laine. Dès le lendemain, il fut pris d'une pneumonie intense qui devint promptement mortelle.

Les deux plaies du coude ont nécessité deux résections; l'un des blessés a succombé alors que sa plaie était déjà presque cicatrisée, au développement rapide de la pourriture d'hôpital; le second a guéri.

Plusieurs petites opérations ont été pratiquées pour des plaies de la main, ainsi : une résection et une amputation du médius, une amputation du médius et de l'annulaire, enfin une amputation de quatre doigts. Toutes les blessures de ce genre ont guéri.

Un seton du bras avec plaie de l'humérale a donné lieu à une ligature de l'axillaire; puis l'hémorrhagie s'étant reproduite par le bout inférieur à une ligature de l'humérale dans la plaie, le blessé a succombé à l'anémie.

Fractures comminutives du membre inférieur.

	Morts.	Opérations.
Bassin ...	3	1
Cuisse....	15	5 4 amputations de cuisse.
Genou....	8	2 1 amputation de cuisse.
		2 résections du genou.
Jambe....	14	3 3 amputations de cuisse.
		1 résection du tibia et du péroné
Pied......	7	1 amputation de jambe.
		1 résection de l'astragale.

Les fractures du bassin mentionnées ici n'étant pas des blessures pénétrantes, un seul malade a succombé et encore sa mort n'est-elle pas imputable à la blessure primitive, mais à un érysipèle de la face.

Les fractures comminutives de cuisse ont nécessité quatre amputations, dont deux morts par anémie progressive et hémorrhagie consécutive (intoxication paludéenne).

Les trois autres morts ont été amenées par les causes suivantes :

La première, par un accès de fièvre pernicieuse quand déjà la consolidation commençait à s'établir ;

La seconde, par épuisement à la suite de suppuration abondante ; le malade en outre de sa blessure avait une vaste eschare au sacrum.

Enfin, le troisième malade avait été blessé dans une direction telle qu'au bout de quelques jours les matières fécales s'écoulèrent par la plaie. La balle qui avait fracturé le femur au niveau du grand trochanter avait pénétré dans le bassin et perforé le rectum ainsi que le toucher permet de le reconnaître.

Les fractures de jambe ont donné lieu à trois amputations de cuisse dont deux morts, et à une résection du tibia et du péroné sur une étendue de plus de huit centimètres : cette dernière opération a été suivie de succès.

Les plaies du pied ont toutes guéri ; nous signalerons comme opérations : une résection partielle de l'astragale et une amputation de jambe, toutes deux conduites à parfaite guérison.

Les plaies pénétrantes du genou ont été elles aussi traitées au point de vue de la conservation du membre ; cependant il a été nécessaire de pratiquer une amputation de cuisse et deux résections du genou. La première a rapidement guéri.

L'un des réséqués a succombé à l'épuisement par suppuration ; le second, après avoir présenté plusieurs accidents, en particulier un érysipèle du membre inférieur et quelques points de pourriture d'hôpital, a été laissé en bonne voie de guérison.

Mortalité générale : Somme toute, 32 blessés ont succombé soit aux suites naturelles de leurs blessures, soit à des opérations reconnues indispensables, soit à des complications accidentelles, ce qui, sur un total de 408 blessés, donne la proportion de 1 sur 12,75 ou de 7,84 pour 100.

L'Ambulance girondine a, en outre, donné ses soins aux malades civils de la commune de Changé qui, malgré son étendue, n'a pas de médecin. Le plus proche se trouve éloigné de huit kilomètres. C'est ainsi que 211 malades ont reçu 1096 visites. Ce grand nombre de malades constituait un véritable danger pour nos blessés, surtout si l'on songe que beaucoup d'entre eux étaient atteints de maladies contagieuses. Nous avons compté en effet :

Variole............... 56   Scarlatine.............. 19
Rougeole............ 15   Fièvre typhoïde........ 5

Malgré cette constitution médicale déplorable, aucun de nos blessés n'a été atteint par l'une des affections mentionnées ci-dessus. C'est là un fait qu'il importe de signaler.

Le nombre de décès sur les malades soignés par l'Ambulance a été de 11, dont 4 par variole, ce qui, pour le nombre de 211, donne la proportion 1 sur 19,18 ou 5,21 pour 100.

Ajoutons enfin que la pharmacie de l'Ambulance était ouverte tous les jours à la population civile, de 4 h. à 6 h. du soir, et les médicaments distribués gratuitement, suivant les ordonnances des chirurgiens. (11)

L'Assemblée, qui pendant la lecture de ce travail avait souvent manifesté sa vive satisfaction, remercie M. le docteur Lande de son intéressante communication.

Prenant alors la parole, M. le Maire-Président, dans un langage aussi chaleureux que convaincu, adresse à tous les membres de l'Ambulance Girondine, et cela en sa double qualité de représentant de la Ville et de la Société de secours aux blessés, les sincères remerciements de la Cité tout entière et du Conseil central :

« Si tous avaient fait leur devoir comme vous, » Messieurs et très chers concitoyens, dit M. Four- » cand, qui sait si la France serait vaincue ! Ce que

---

(11) Ce rapport est un extrait d'un Mémoire lu le 5 mai 1871, à la Société médico-chirurgicale des hôpitaux et hospices de Bordeaux. — Voir les annales de cette Société.

» je sais, ce que je puis affirmer, c'est que si tous
» ceux qui essayent en ce moment d'affirmer par
» l'insurrection les plus sinistres doctrines et décla-
» rent la guerre à la société et aux lois, soupçon-
» naient tant de miracles de charité et de patriotis-
» me, les armes leur tomberaient des mains, et la
» France unie reprendrait bien vite sa place tra-
» ditionnelle au sein de la civilisation et de l'huma-
» nité.
» Honneur donc à vous, Messieurs, à vous tous
» qui avez associé une fois de plus le drapeau de
» l'abnégation et du devoir à celui de la Gironde.
» Fiers de votre belle conduite, nous vous rendons
» un hommage sincère et mérité. »

La discussion ayant été ouverte sur l'ensemble des deux rapports présentés, M. le pasteur Delmas, dans une allocution des plus touchantes, remercie M. Adolphe Labadie, au nom de celui qui n'est plus, comme au nom de tous les membres de l'Ambulance Girondine, pour le zèle infatigable et le dévouement sans bornes qu'il a déployé pendant toute la campagne, dans ses fonctions de Directeur-Adjoint.

M. E. de Boissac espère, en sa qualité de trésorier de la Société de secours, que le Comité départemental pour la Gironde prendra à sa charge les frais d'impression du compte-rendu de cette séance, si précieuse en touchants enseignements et en résultats obtenus.

MM. P. Mestrezat et de Pelleport, vice-président et secrétaire-général du Comité départemental, s'associent de cœur à cette pensée.

M. P.-E. Alauze remercie M. le Maire d'avoir été, dans des termes si éloquents et surtout si vrais, l'interprète de tous les sentiments d'estime et de reconnaissance que l'Assemblée éprouve pour Messieurs de l'Ambulance et pour M. Adolphe Labadie.

L'ordre du jour étant épuisé,

L'Assemblée adopte à l'unanimité les résolutions suivantes :

I

Des remerciements sont votés à Messieurs les Membres de l'Ambulance Girondine et principalement à M. Adolphe Labadie, pour leur dévouement humanitaire et patriotique.

II

Afin d'honorer la mémoire de M. Francis de Luze, directeur-fondateur de l'Ambulance, décédé dans l'exercice de ses fonctions, il est décidé que le compte-rendu de ses obsèques sera inséré au procès-verbal de la présente séance.

III

Sur la proposition de M. Adolphe Labadie, abandon sera fait à l'État, par l'Ambulance, de la somme de 34,400 francs dus pour prix de journées.

IV

Liberté complète est donnée à M. Adolphe Labadie, dans la distribution du solde en caisse qui devra être affecté au soulagement des victimes de la guerre dans les pays déjà assistés par l'Ambulance.

V

Les livres comptables de l'Ambulance seront vérifiés et signés par MM. le fils de J.-J. Piganeau et Jules Motelay, commissaires délégués à cet effet, et arrêtés par le visa de M. le secrétaire.

Rien n'étant sur l'ordre du jour, la séance est levée.

Le Secrétaire,

Vte DE PELLEPORT.

PIÈCES SUPPLÉMENTAIRES.

SOCIÉTÉ FRANÇAISE DE SECOURS AUX BLESSÉS

DES ARMÉES DE TERRE ET DE MER.

COMITÉ DÉPARTEMENTAL DE LA GIRONDE.

Bordeaux, le 7 avril 1871.

Monsieur Adolphe Labadie, directeur-adjoint de l'Ambulance Girondine.

MONSIEUR,

Il a été rendu compte hier dans une séance du bureau du Comité, de la réunion tenue la veille chez vous et dans laquelle vous avez lu aux bienfaiteurs de votre ambulance un rapport sur les opérations.

Le remarquable mémoire de Messieurs Demons et Lande a été également signalé.

Notre Comité a pris Monsieur à ce sujet deux délibérations :

La première, c'est que des remerciements vous seraient votés ainsi qu'à Messieurs les docteurs Demons et Lande et à Monsieur l'Aumônier comme à tout votre personnel, pour les services rendus à la cause de l'humanité et qui ont porté si haut dans les pays où vous avez opéré l'estime pour le nom Girondin. La mémoire de l'honorable M. Francis de Luze a été associée à ces éloges si mérités.

La deuxième, c'est que dans le but d'augmenter la somme entre vos mains, somme qu'on a approuvé que vous distribueriez vous-même suivant vos appréciations, il serait offert à l'Ambulance Girondine de prendre les frais d'impression des deux rapports à la charge de la Société de secours aux blessés.

Je suis heureux, Monsieur, d'avoir à vous transmettre ces deux décisions.

Veuillez agréer, Monsieur, l'assurance de mes sentiments les plus distingués.

Au nom du Comité,

L'un des Vice-Présidents,

Signé : P. Mestrezat.

Pour copie conforme :

Le Secrétaire-général,

Vte de Pelleport.

PROCÈS-VERBAL

DE VÉRIFICATION DES LIVRES COMPTABLES DE L'AMBULANCE GIRONDINE.

Les soussignés, souscripteurs à l'Ambulance Girondine, délégués dans la réunion du 5 avril 1871 pour la vérification des écritures de ladite Œuvre, déclarent les avoir trouvées dans l'ordre le plus parfait et en tous points conformes aux énonciations du rapport lu par M. Adolphe Labadie en séance publique.

En conséquence, ils les ont arrêtées et paraphées.

Bordeaux, le 10 avril 1871.

Signé : L. Piganeau : J. M. Motelay.

Pour copie conforme :

Le Secrétaire,

Vte de Pelleport.

DISCOURS

prononcé sur la tombe de M. Francis de Luze.

Le 17 décembre dernier, une nombreuse assistance se pressait rue Vital-Carles, pour serrer la main à M. Francis de Luze, qui partait pour Bourges, à la tête de l'Ambulance Girondine, qu'il avait conçue et créée. Rendu au milieu de nos soldats, faisant abnégation de tout ce qui le rattachait à Bordeaux, il a, avec un courage bien digne d'exemple, consacré son temps, sa fortune, son énergie et sa vie à l'accomplissement de l'œuvre de charité qu'il avait entreprise. Suivant pas à pas nos soldats, partageant leurs dangers, leurs fatigues, il arriva au Mans avec eux, et le lendemain même de la bataille il faisait de Changé son centre d'action, que son admirable charité étendait dans toute la contrée, partout où il apprenait qu'il y avait des blessés ou des malades à soigner.

Nous n'exagérons pas en disant qu'il sacrifiait sa vie, car, mardi, la foule respectueuse et émue saluait, sur le cours du Jardin-Public, un cercueil recouvert du drapeau blanc à la croix rouge de la Société Internationale de secours aux blessés militaires, et en tête duquel brillait, croix plus dignement portée que bien d'autres, celle d'un brassard.

Ce brassard était celui de M. Francis de Luze, mort au champ d'honneur, dans l'accomplissement de la sublime mission qu'il s'était donnée, et qu'accompagnaient à sa dernière demeure la douleur et les larmes de tous ceux qui l'avaient connu.

Les cordons du poële étaient tenus par MM. E. Fourcand, maire de Bordeaux, et le président si dévoué de la Société internationale de secours, P. Mestrezat, consul de Suisse, et l'un des vice-présidents, M. Labadie, père du précieux collaborateur de M. Francis de Luze, etc., etc.

Après les prières du pasteur (M. Francis de Luze appartenait au culte réformé), deux discours ont été prononcés sur sa tombe. Nous sommes heureux de pouvoir les reproduire ; mieux que nous, ils diront la perte qu'a faite Bordeaux.

Voici les paroles de l'honorable M. Mestrezat :

« Messieurs,

» C'est avec une vive émotion qu'au nom de la Société de secours aux blessés je viens sur cette tombe payer à la mémoire d'un collègue dévoué le juste tribut d'éloges mérité par des actes inspirés par le plus pur dévouement.

» Après avoir été, comme secrétaire, un des membres les plus actifs de notre comité, M. Francis de Luze, ému des souffrances dont le tableau saisissant parvenait si fréquemment jusqu'à nous, voulut aller porter lui-même des consolations et des soins à nos malheureux soldats blessés ou malades. C'est alors qu'il fonda l'Ambulance Girondine, qui devait fonctionner sous sa direction et sous sa responsabilité.

» Cette ambulance atteignit les environs du Mans au moment de nos derniers combats. La moisson fut malheureusement trop abondante, et M. de

Luze dut revenir passer quelques jours à Bordeaux pour y puiser de nouvelles ressources.

» C'est en retournant à son poste qu'il a ressenti les premières atteintes de la cruelle maladie qui nous l'a ravi en quelques heures.

» En présence de pareilles épreuves, il convient à l'homme de s'incliner et d'accepter avec résignation les décrets de la Providence, dont les desseins sont impénétrables.

» Qu'il me soit permis d'ajouter encore un mot qui vous peindra sous son véritable jour le dévouement de notre regretté collègue.

» M. Francis de Luze, quoique né à Bordeaux, n'était pas Français ; il appartenait à la nation Suisse, dont il ne m'est pas permis, à moi son représentant, de faire l'éloge, mais qui, je le sais, a une place dans le cœur de chacun de vous, pour l'accueil fait à vos enfants, dans de si récentes et si douloureuses circonstances.

» Notre ami n'obéissait donc point à un devoir en se dévouant au soulagement des soldats français ; il obéissait seulement à ses généreux instincts.

» Adieu, cher et bon collègue, nos sympathies te survivront et entoureront toujours ceux que ta mort a privés de ton appui et de ton exemple. »

M. Ernest de Boissac, ami d'enfance et collègue de M. Francis de Luze, s'est exprimé ainsi :

« Messieurs,

» Nous rencontrerons désormais une place vide dans nos affections et nous répondrons au besoin de nos cœurs en nous entretenant ensemble quelques instants encore de celui qui le comblait si bien.

» A l'aspect d'une tombe, on est parfois entraîné à trop d'indulgence, mais aujourd'hui la vérité seule nous convie à dire que Francis de Luze était un de ces types de bonté, une de ces natures privilégiées qui commandent l'amitié.

» Je me trouvais avec lui sur les mêmes bancs du collége de Rochefort, il y a vingt-cinq années, et notre attachement d'alors avait survécu à tous les temps, à toutes les distances, à toutes les fortunes. Ces liens du cœur ne s'étaient jamais rompus; ils nous avaient fait connaître les mêmes joies comme les mêmes douleurs, et cette communauté d'impression continuait à les resserrer de jour en jour. La mort d'un enfant bien-aimé qui nous réunissait à ses côtés dans ce même lieu de tristesse, il y a quelques mois, avait donné à ses pensées une grande élévation. En l'éclairant mieux sur le but de cette vie de passage, une aussi cruelle épreuve l'avait engagé plus avant dans la voie du bien où il devait trouver cette consolante résignation que nous lui avons tous connue.

» Aussi avec quelle ardeur Francis de Luze s'était-il dévoué à l'œuvre des secours aux blessés militaires. Depuis 1866, il est vrai, sous l'impulsion féconde de M. Théodore Vernes, son oncle, membre du conseil central de cette Société, notre cher collègue s'était préoccupé d'associer notre département à son action réparatrice des maux de la guerre. Je fus le témoin de ses incessants efforts, et si en 1870 le fonctionnement du Comité de la Gironde put marcher aussi vite que les événements, c'est justice de proclamer qu'il eut l'initiative du bien qui aura pu être réalisé.

» Vous venez de l'entendre : son temps, son intelligence, son activité furent acquis sans réserve aux travaux de ce comité. Assidu à ses nombreuses réunions, il y apporta une exquise aménité de formes et la plus attrayante courtoisie de discussion.

» Cependant, Francis de Luze, le digne fils de cette généreuse nation suisse si sympathique aux malheurs de la France, ne croyait pas encore en faire assez, et, profondément pénétré du noble sentiment de la charité, il insista bientôt pour une application plus personnelle de ses vues humanitaires. Il avait le pressentiment des immenses services qu'il rendrait en allant lui-même sur les lieux du combat, où son infatigable philanthropie ne devait, en effet, céder à aucune répugnance.

» C'est à lui que revient l'honnneur de la création de cette Ambulance Girondine qui l'eût plutôt pour premier servant que pour directeur ; rien ne put l'arrêter, ni les hésitations bienveillantes de quelques-uns de ses collègues, ni les difficultés matérielles, ni les embarras de la réunion d'un nombreux personnel médical et hospitalier. Plus tard, des voix mieux autorisées encore que la mienne montreront Francis de Luze dans les campagnes du Mans, apparaissant comme un génie bienfaisant au milieu de nos soldats mutilés, les secourant, les guérissant, souvent les aidant à mourir, car il avait tenu à leur amener aussi ceux qui fortifient les âmes aux approches de la mort.

» Hélas ! nos souvenirs émus nous le rappelleront également, succombant sous le poids de sa glorieuse tâche.

» Pour moi, messieurs, c'est surtout un vieil ami que je pleure. Depuis bien des années, je trouvais dans son cœur toutes les douces choses que procure l'amitié telle qu'il savait la pratiquer ; c'est ce qui me rend ce dernier adieu si pénible, bien que je sache ce que Dieu réserve aux hommes de bonne volonté. »

SOUSCRIPTIONS

(Dons en espèces.)

MM.		MM.	
		Report....	30,412 »
A. de Luze et Fils	5,000 »	James Violett et Cie	300 »
Adolphe Labadie	500 »	F. Bosc	300 »
J. Labadie père	300 »	E. de Bethmann	250 »
Comité départemental de la Gironde de la société de secours aux blessés militaires	10,000 »	P. Mestrezat	200 »
		Lestapis et Cie	200 »
		Journu frères	200 »
Le comte Lemercier, pour la délégation de Paris, de la société de secours aux blessés militaires	5,000 »	de Maroles	100 »
		G. Ferrière	100 »
		Fincke et Cie	100 »
		Mme Bourdil-Pelletreau	100 »
Charles Baour	2,000 »	W. Noer	100 »
Francis Brown	100 »	F. Schröder et Southard	100 »
E. de Boissac	50 »	P. Célerier aîné	100 »
Cousteau frères	1,000 »	F. Picard et Cie	100 »
A. Peyrelongue	100 »	G. Faure	100 »
Cercle Philharmonique	500 »	Mme Debans	100 »
Dan. Lawton	300 »	Gomez-Vaëz	100 »
Charles Lasserre	10 »	Buhan et Rabaud	100 »
Mme Poissonnière	2 »	John Durand et Cie	100 »
X. B.	50 »	St-Ange Richon et Cie	100 »
Abbé Rigagnon, curé de St-Martial	20 »	G. Lamarque, J. Lassus et Cie	100 »
		Mme Veuve Motelay	50 »
Du Périer de Larsan	100 »	Mme Mallet, née Alaret	50 »
Charles Lauronce	25 »	H. Grossard	50 »
Przetocki	10 »	A. Ferrière	50 »
Charles Barton	250 »	F. Moltz	50 »
Lucien Faure	500 »	A. Duvergier	50 »
Ve E. Dubreuil	25 »	A. Vignolles	50 »
Moulinier	20 »	Mmes Sorbé et Brown	50 »
Jules Motelay	50 »	Mlle de Rutté	50 »
L. Dupuy	1,000 »	Raoul Duval	40 »
G. Samazeuilh	500 »	Mme Guestier	40 »
H. Faure	500 »	Baumgartner	25 »
Brandenburg frères	500 »	Gaurier	20 »
Barton et Guestier	500 »	Gontier Lalande	20 »
A. Lafargue	500 »	Briol, notaire	20 »
Schröder et Schyler	500 »	Anonyme	15 »
Cruse et fils frères	500 »	Mme Lafleux	10 »
A Reporter...	30,412 »	A Reporter...	34,002 »

MM. Report....	34,002 »	MM. Report...	37,329 50
Jeantet....................	10 »	Le curé de St-Léonce Langoiran	20 »
Anonyme...................	5 »	Anonyme....................	30 »
M. et S.....................	2 »	Mme Ganderc................	50 »
A. de Kercado...............	100 »	Mme Galibert................	30 »
Pierre Lacoste...............	10 »	Anonyme....................	50 »
Baron Charles de Montesquieu.	100 »	Roux.......................	30 »
Baron Gaston de Montesquieu..	200 »	Mlle Andrieu................	25 »
Godefroy de Montesquieu......	50 »	Anonyme....................	20 »
Marquis de Piis..............	50 »	Anonyme....................	20 »
Calvet......................	200 »	Lardit Louis.................	25 »
Bernos......................	50 »	Vve E. Lardit................	50 »
Mme Veuve H. Lawton........	100 »	Galliers, maire de Tourne.....	25 »
William Lawton..............	100 »	Chevrié aîné.................	10 »
Armand Lalande..............	200 »	Gouilleau....................	5 »
Paul Dufrène................	100 »	Marie Pourquerie............	2 »
Cercle des Faisceaux de Langon	150 »	Vallette, maire de Tabanac....	100 »
Remis par M. le curé de Mios, produit d'une quête..........	89 50	Comte de Lastic, 2e versement.	50 »
		Anonyme....................	10 »
Les fils de Lafon Lapène......	200 »	Lardit aîné..................	20 »
A. Tastet....................	100 »	Lardit aîné..................	20 »
Jules Sezalory jeune...........	100 »	Bons Hubert.................	25 »
Cerf et Naxara...............	25 »	Total F.	1,792 »
Marcel Olli..................	5 »	D. L. V.....................	20 »
Jeanne Verger...............	5 »	Anonyme....................	5 »
Anonyme....................	200 »	Société Française de Londres...	1,000 »
		Marquis d'Excter............	250 »
Commune de Langoiran et ses environs.		Mme Veuve Lair.............	50 »
		Mlle A. Duran...............	40 »
		A. C........................	10 »
Paul Roujol.................	100 »	Pohls.......................	50 »
Georges Roujol..............	100 »	Commune de Gradignan......	36 50
Damase Roujol..............	100 »	Soula de Trincaud Latour.....	25 »
Comte de Lachassaigne.......	100 »	Bon de Secondat de Montesquieu	50 »
Supsol......................	100 »	Ch. Silliman.................	100 »
Jules Delbrück..............	100 »	E. Billioque père fils et Faucher	50 »
Pascaud aîné................	100 »	Henri Gradis................	100 »
Albert Armand..............	100 »	Mme Camille Lopez Dubec....	25 »
Duthil, maire de Capian......	100 »	L. A. Hue...................	25 »
Guenan.....................	50 »	J. Cazalot...................	20 »
De Pillot....................	50 »	Vènes frères.................	100 »
Mairie de Langoiran..........	100 »	J. Vasquez..................	50 »
Le curé du Haut-Langoiran...	25 »	E. Paris et Damas...........	50 »
Mlle Durrand...............	50 »	J. J. Duvergier et Cie.........	300 »
A Reporter...	37,329 50	A reporter....	39,713 »

MM. Report...	39,713 »	MM. Report...	42,328 »
Chaumel Durin et Cie	100 »	Produit d'une loterie de tapis-	
Klipsch et Fabre	100 »	serie, remis par M. Faure	50 »
E. Rabion	50 »	Desclaux de Lacoste	50 »
Pohl et Binaud	100 »	Cathala, notaire	100 »
J. Engellean de Stockholm	100 »	Gaden et Klipsch	500 »
J. V. Beyermann	100 »	Louis Rey	100 »
Beyermann	100 »	Benassi	10 »
Paul Dubois	100 »	Vicomtesse de Raymond	30 »
Rambaud	100 »	Mme d'Ivernois	100 »
Alexis Bosc	100 »	Mme de Raymond-Duffour	500 »
Alfred Henri	50 »	Naviac, de la Tresnes	20 »
J. Pichard	100 »	Comte de la Fernandina	100 »
E. Gevers et Stéhélin	100 »	Adolphe Dotezac	100 »
H. Deffès	100 »	Mlle Labadie	20 »
H. de Villers	100 »	J. B. Couve fils	20 »
E. Dreux, agent de change	100 »	Edouard Southard et fils	200 »
Fauché, gantier	5 »	Mlle Anna Brown	20 »
Anonyme	20 »	Ed. de Bethmann	250 »
L Barbier	50 »	Mlles Pastoureau	20 »
H. B	10 »	Aurélien Grangeneuve	200 »
Ed. et Emile Bosc	200 »	Marguerite	10 »
Henri Vigneaux	100 »	Maison protestante de Bor-	
Cuzol et fils	100 »	deaux, remis par Monsieur	
Ch. Durand	25 »	Monmejean	177 »
Mme Veuve Motelay	10 »	Henri Dagassan	20 »
Mme Aug. Denan	50 »	A. Tastet	100 »
Gay frères	100 »	Lucien Gaussens	50 »
Mme Amélie Maccaing	50 »	Hautefaye	5 »
Charles Faure	100 »	Mlle E. G	125 »
M. Cayrou	100 »	S. Möller et Cie	300 »
Mme Veuve Conseillant	50 »	Vve Schickler	200 »
Mme Biquet	20 »	Anonyme	100 »
Jeanne Cazan	5 »	Paul Dupuy	100 »
P. Fort	50 »	Anonyme	5 »
Corentin Pujos	30 »	Gaden Junior	100 »
Mme Barthélemy	5 »	Anonyme	10 »
Cavallée	25 »	Total général des dons en es-	
A Reporter...	42,328 »	pèces	46,599 »

Certifié conforme :

Le Secrétaire, Vte DE PELLEPORT.

DONS EN NATURE.

MM.

De Luze père, 1 break à 8 places.
Fitt, maître cocher, 1 paire de chevaux avec harnais.
Bertet, 1 cheval de selle.
Francis de Luze, 1 cheval de selle.
Henri Lacoste, 1 voiture à six places.
    id.   id.   1 cheval de selle.
S. Em. le Cardinal Donnet, 2 barriques vin fin.
Adolphe Labadie, 2 selles, 2 brides.
Marchand, maire de Montendre, 1 fourgon.
L. Piganeau, 1 voiture à deux roues.
Alexandre Léon, 1 marmite économique.
Société de Mios, 1 omnibus à 6 places.
Frédéric Exhaw, 1 cheval.
Emile Dubois (Léognan), 4 barriques vin.
Mariol, ancien notaire, 1 barrique vin.
Cyprien Balaresque, 1 harnais.
Mme Vve Motelay, 2 gilets flanelle.
Eugène Ducos, 1 paquet bandes.
De Betgé Lagarde, 2 barriques vin.
A. Peyrelongue, 1 harnais.
Salesse, peintre, donne son concours, en peignant gratis tout le matériel.
Mme Vve R. de Paris, 2 chemises laine.
Mme Roger, pantoufles et objets divers.
Charles de Bethmann, un cheval de trait.
Mme Vve Cayrou aîné, 1 ballot linge, 2 matelas, 2 traversins, 2 paires de draps, 2 couvertures de laine, 12 torchons, 1 paquet bandes.
Anonyme, une caisse contenant : chemises, linge de pansement et charpie.

MM.

Sourget, 1 paire harnais de timon.
Mme Bransouillet, 1 paquet charpie et linge.
Mme de M., vieux rhum.
Bonis, 4 coussins de voiture.
De Mollis, une barrique vin.
Anonyme, 1 paire chaussettes laine.
Bénassi, 1 gilet et 1 paletot drap noir, 1 gilet rouge, 1 caleçon de coton, 1 gilet de laine tricoté, 3 caleçons de laine, 6 bonnets de coton, 8 mouchoirs de toile.
Anonyme, 1 barrique vin rouge.
Mlle Lafite, 1 barrique vin rouge.
Anonyme, 1 paire chaussettes.
Petit comité de jeunes filles, 30 paires chaussettes de laine tricotées.
Courpon, 1 paquet linge.
Consul de Glasgow, 2 ballots linge, caleçons, gilets, couvertures.
Mesdames Georges Damas et Chauvise de Béziers, 38 gilets de laine, 58 paires bas ou chaussettes.

Certifié conforme :

Le Secrétaire,

V¹⁰ DE PELLEPORT.

www.ingramcontent.com/pod-product-compliance
Lightning Source LLC
LaVergne TN
LVHW021720080426
835510LV00010B/1058